① YOUER HANYU
幼儿汉语

北京华文学院　编

暨南大学出版社

图书在版编目（CIP）数据

幼儿汉语　第1册/北京华文学院编.—广州：
暨南大学出版社，2004.12
ISBN 7-81079-194-X

Ⅰ.幼…
Ⅱ.北…
Ⅲ.汉语—儿童教育—对外汉语教学—教材
Ⅳ.H195.4

中国版本图书馆CIP数据核字（2002）第090046号

监　制：中华人民共和国国务院侨务办公室
（中国·北京）
监制人：刘泽彭
电话/传真：0086-10-68320122

编写：北京华文学院
（中国·北京）
电话/传真：0086-10-68310837

出版/发行：暨南大学出版社
（中国·广州）
电话/传真：0086-20-85221583

印刷：广东惠阳印刷厂
2003年1月第1版　　2004年12月第3次印刷
787mm×1092mm　1/16

编写说明

　　《幼儿汉语》是中华人民共和国国务院侨务办公室、中国海外交流协会委托北京华文学院编写的一套幼儿汉语教材。本教材既可作为海外4～6岁学前班、幼儿园华裔少儿的课堂教学用书，也可作为家庭自学教材使用。

　　《幼儿汉语》作为《汉语》系列教材的学前部分，共包括课本4册，《教师参考书》1册。《教师参考书》对课本的使用做了有益的提示，对课文内容进行了有机的扩展，配合使用效果最佳。

　　本教材的教学目的是通过系统的学习和训练，使少儿具有最基本的汉语听说能力；能正确书写汉字的基本笔画；能认读课本中出现的基础汉字，从而培养海外少儿从小说汉语、写汉字的习惯和兴趣，为接受小学阶段的华文教育打下良好的基础。

　　本套教材首次推出，期盼海外广大使用者不吝赐教，以期再版时修订。

编　者

2002 年 7 月

主　编：彭　俊
副主编：陈　默

编写人员：（以姓氏笔画为序）
　　　　孔雪梅　邵力敏　吴向华　陈　默　彭　俊

责任编辑：李　战　陈鸿瑶
美术编辑：陈　毅

目　录

mx

1 宝宝一家
bǎo bao yì jiā

dú yi dú
读一读

bǎo bao
宝宝

bà ba
爸爸

tíng ting
婷婷

mā ma
妈妈

dū du
嘟嘟

xiě yi xiě
写一写

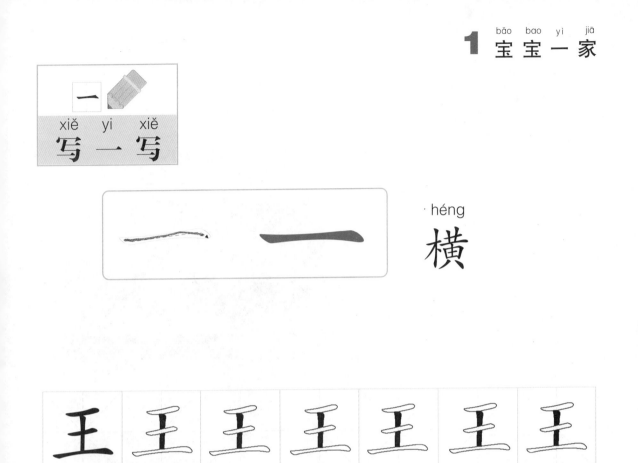

héng
横

kè táng huó dòng
课 堂 活 动

wǒ de jiā
我 的 家

xiǎo bái tù
小 白 兔

xiǎo	bái	tù		bái	yòu	bái	
小	白	兔	，	白	又	白	，

liǎng	zhī	ěr	duo	shù	qǐ	lái	
两	只	耳	朵	竖	起	来	，

ài	chī	luó	bo	ài	chī	cài	
爱	吃	萝	卜	爱	吃	菜	，

bèng	bèng	tiào	tiào	zhēn	kě	ài	
蹦	蹦	跳	跳	真	可	爱	。

2 你好
nǐ hǎo

读一读
dú yi dú

你 好 ！
nǐ hǎo

bà ba
爸 爸

mā ma
妈 妈

bǎo bao
宝 宝

lǎo shī
老 师

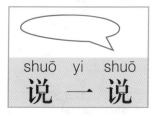

2 你好 (nǐ hǎo)

shuō yi shuō
说 一 说

A：你好！(nǐ hǎo)
B：你好！(nǐ hǎo)

① ② ③ ④

miáo yi miáo
描一描

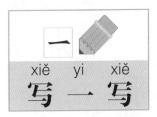

写一写
xiě yi xiě

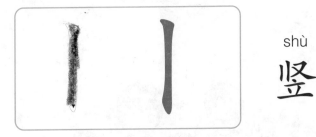

shù
竖

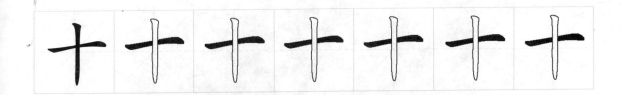

kè táng huó dòng
课堂活动

dǎ zhāo hu
打招呼

nǐ hǎo
你 好

nǐ hǎo diǎn diǎn tóu
你 好 点 点 头 ，

nǐ hǎo wò wò shǒu
你 好 握 握 手 ，

shì shuí yǒu lǐ mào
是 谁 有 礼 貌 ？

wǒ men xiǎo péng you
我 们 小 朋 友 。

12

kè wén
课 文

3 谢谢
xiè xie

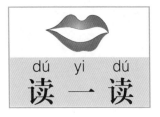

dú yi dú
读 一 读

xiè xie
谢 谢！

yī shēng
医 生

bà ba
爸 爸

bèi bei
贝 贝

lǎo shī
老 师

14

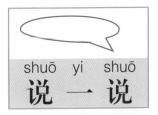

A: 谢 谢 ！
xiè xie

B: 不 客 气 。
bú kè qi

①

②

③

④

miáo yi miáo
描 一 描

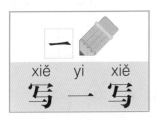

写一写
_{xiě yi xiě}

撇
_{piě}

kè táng huó dòng
课 堂 活 动

gěi yīng shuō xiè xie de rén tú sè
给 应 说 谢 谢 的 人 涂 色

liǎng zhī shǒu
两 只 手

nǐ yǒu liǎng zhī shǒu
你 有 两 只 手 ，

wǒ yǒu liǎng zhī shǒu
我 有 两 只 手 。

shēn chū liǎng zhī shǒu
伸 出 两 只 手 ，

shí ge shǒu zhǐ tou
十 个 手 指 头 。

shǒu xīn jiā shǒu bèi
手 心 加 手 背 ，

yí duì hǎo péng you
一 对 好 朋 友 。

4 对不起
duì bu qǐ

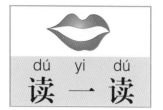

dú yi dú
读 一 读

A: duì bu qǐ
对 不 起 。

B: méi guān xi
没 关 系 。

shuō yi shuō
说 一 说

A: 对 不 起 。
（duì bu qǐ）

B: 没 关 系 。
（méi guān xi）

①

②

③

④

<ruby>描<rt>miáo</rt></ruby> <ruby>一<rt>yi</rt></ruby> <ruby>描<rt>miáo</rt></ruby>
描一描

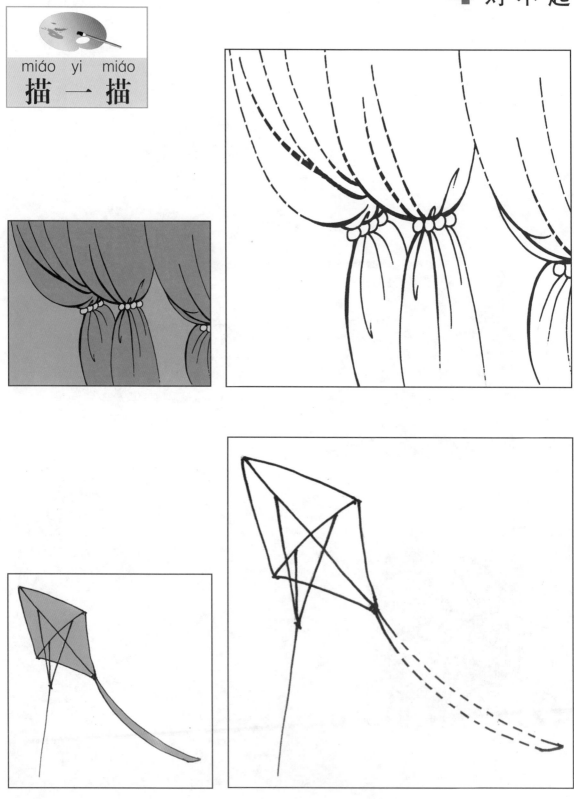

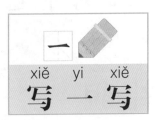

xiě yi xiě

写一写

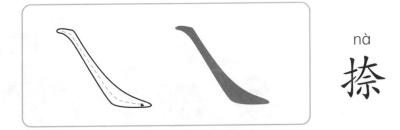

nà

捺

23

kè táng huó dòng
课堂活动

kàn shuí yǒu lǐ mào
看谁有礼貌

yǒng   é
咏 鹅

（唐）骆宾王

é	é	é
鹅 ，	鹅 ，	鹅

qū xiàng xiàng tiān gē
曲 项 向 天 歌 。

bái máo fú lǜ shuǐ
白 毛 浮 绿 水 ，

hóng zhǎng bō qīng bō
红 掌 拨 清 波 。

5 再见
zài jiàn

dú yi dú
读一读

bǎo bao zài jiàn
宝宝再见！

bà ba
爸爸

mā ma
妈妈

lǎo shī
老师

bèi bei
贝贝

shuō yi shuō
说一说

zài jiàn
A：再 见！
zài jiàn
B：再 见！

①

②

③

④

<ruby>描<rt>miáo</rt></ruby> <ruby>一<rt>yi</rt></ruby> <ruby>描<rt>miáo</rt></ruby>

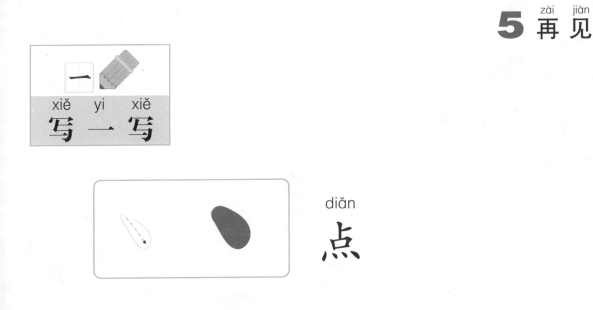

xiě yi xiě
写一写

diǎn
点

宝 宝 宝 宝 宝 宝 宝

课 堂 活 动
kè táng huó dòng

zhǎo péng you
找 朋 友

zhǎo   péng   you
找   朋   友

1 = C 2/4

欢快地

5 5 | 5 6   5 | 5̇ 7 6 | 5 6   5 |
找 找 找朋   友，找到一个 好 朋 友，

5 5   3 4 | 5 5   3 | 2 4   3 2 |
敬个 礼来   握握 手，你是 我的

1 2   1 | × × :‖
好朋 友，再见！

kè wén
课 文

tā shì shuí
6 他 是 谁

tā shì bǎo bao
他 是 宝 宝。

tā shì shuí
他 是 谁？

dú yi dú
读 一 读

lì li
丽 丽

lì dá
丽 达

tā   shì
他(她)是 ＿＿＿ 。

jìng zǐ
静 子

tāng mu
汤 姆

A： 他（她） 是 谁 ？
<small>tā shì shuí</small>

B： 他（她） 是 <u>宝 宝</u> 。
<small>tā shì bǎo bao</small>

① ②

③ ④

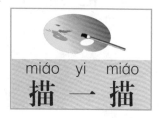

miáo yi miáo

描一描

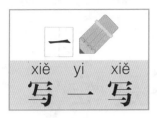

写一写
xiě yi xiě

提
tí

我 我 我 我 我 我 我

tā shì shuí
6 他 是 谁

tā shì shuí
他（她）是 谁？

xiǎo shǒu de huà
小 手 的 话

xiǎo shǒu huì shuō huà
小 手 会 说 话 ，

yǒu wèn bì yǒu dá
有 问 必 有 答 ，

wò yi wò nǐ hǎo ā
握 一 握 "你 好 啊 ！"

bǎi yi bǎi zài jiàn la
摆 一 摆 —— "再 见 啦 ！"

7 我叫宝宝
wǒ jiào bǎo bao

7 我叫宝宝
wǒ jiào bǎo bao

dú yi dú
读一读

wǒ jiào bǎo bao
我 叫 宝 宝 。

tāng mu
汤 姆

lì dá
丽 达

jìng zǐ
静 子

lì li
丽 丽

shuō yi shuō
说 一 说

nǐ jiào shén me míng zi
A：你 叫 什 么 名 字？

wǒ jiào bǎo bao
B：我 叫 宝 宝。

①

②

③

④

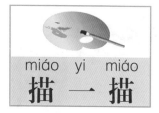

miáo yi miáo
描一描

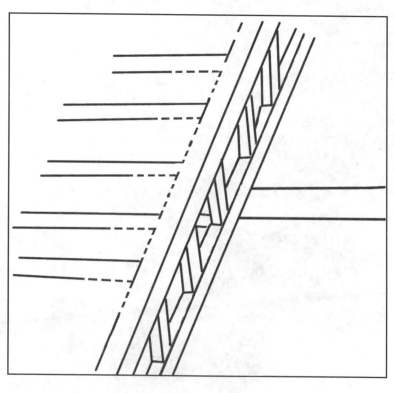

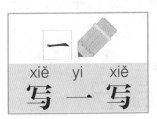

xiě yi xiě
写一写

héng zhé
横折

贝 贝 贝 贝 贝 贝 贝

kè táng huó dòng
课 堂 活 动

jiè shào zì jǐ
介绍自己

xiǎo   tù   guāi   guāi
小 兔 乖 乖

1 = C 4/4

稍慢

3 5	1̇ 6	5 5	3 5	6 1̇	5 5
小	兔儿 乖 乖,	把	门儿	开 开,

6	5 3	2 2	3	5 3	2 3	1
快	点儿 开 开,	我	要	进	来。

6	5	6 5	3	6 5	—
不	开	不 开,	我	不 开,

5 5 3 2 1	1 —	1 1 2 3	1 —
妈妈 没 回 来,	谁 来 也 不 开。

8 她 是 我 妈 妈

tā shì wǒ mā ma

dú yi dú
读 一 读

tā shì wǒ mā ma
她 是 我 妈 妈 。

bà ba
爸 爸

mā ma
妈 妈

dì di
弟 弟

mèi mei
妹 妹

A： 她 是 你 妈 妈 吗 ？
tā shì nǐ mā ma ma

B： 她 是 我 妈 妈 。
tā shì wǒ mā ma

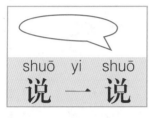

①

②

③

④

miáo yi miáo
描一描

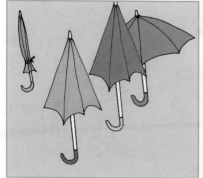

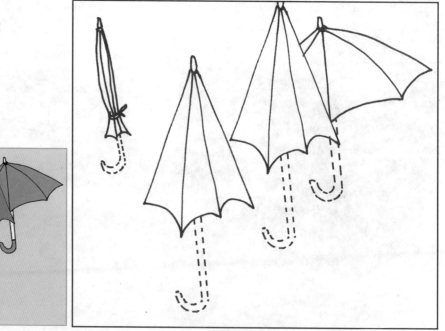

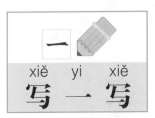

写 一 写
xiě yi xiě

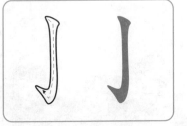

丨 竖 钩
shù gōu

可 可 可 可 可 可 可

kè táng huó dòng
课 堂 活 动

guò jiā jia
过 家 家

pāi pí qiú
拍 皮 球

yī èr sān　　sān èr yī
一 二 三 ， 三 二 一 ，

yī èr sān sì wǔ liù qī
一 二 三 四 五 六 七 。

sì wǔ liù　　qī bā jiǔ
四 五 六 ， 七 八 九 ，

dà jiā yì qǐ pāi pí qiú
大 家 一 起 拍 皮 球 。

9 她是医生
tā shì yī shēng

tā shì yī shēng
她 是 医 生 。

tā shì yī shēng ma
她 是 医 生 吗 ？

9 她是医生
tā shì yī shēng

dú yi dú
读一读

tā　　shì　yī　shēng
她(他) 是 医 生。

yī shēng
医 生

lǎo shī
老 师

jǐng chá
警 察

yóu dì yuán
邮 递 员

50

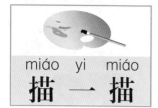

miáo yi miáo
描一描

9 tā shì yī shēng
她是医生

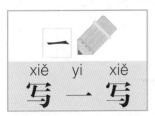

写一写
xiě yi xiě

竖弯钩
shù wān gōu

儿 儿 儿 儿 儿 儿 儿

kè táng huó dòng
课 堂 活 动

cāi yi cāi
猜一猜

yí wàng èr sān lǐ
一 望 二 三 里

yí wàng èr sān lǐ
一 望 二 三 里 ，

yān cūn sì wǔ jiā
烟 村 四 五 家 。

tíng tái liù qī zuò
亭 台 六 七 座 ，

bā jiǔ shí zhī huā
八 九 十 枝 花 。

10 数一数
shǔ yi shǔ

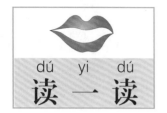

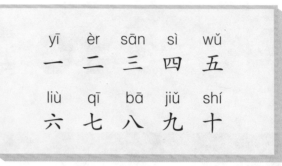

yī	èr	sān	sì	wǔ
一	二	三	四	五
liù	qī	bā	jiǔ	shí
六	七	八	九	十

yī	èr	sān	sì	wǔ
一	二	三	四	五

liù	qī	bā	jiǔ	shí
六	七	八	九	十

A:
一 二 三 四 五 六
yī èr sān sì wǔ liù

七 八 九
qī bā jiǔ

B: 十
shí

① bā
八

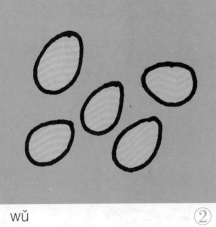

wǔ ②
五

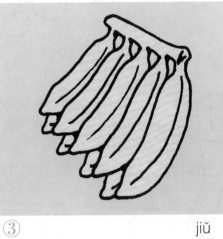

③ jiǔ
九

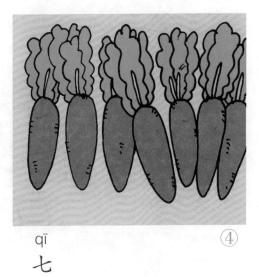

qī ④
七

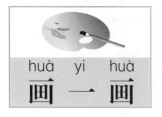

huà yi huà
画一画

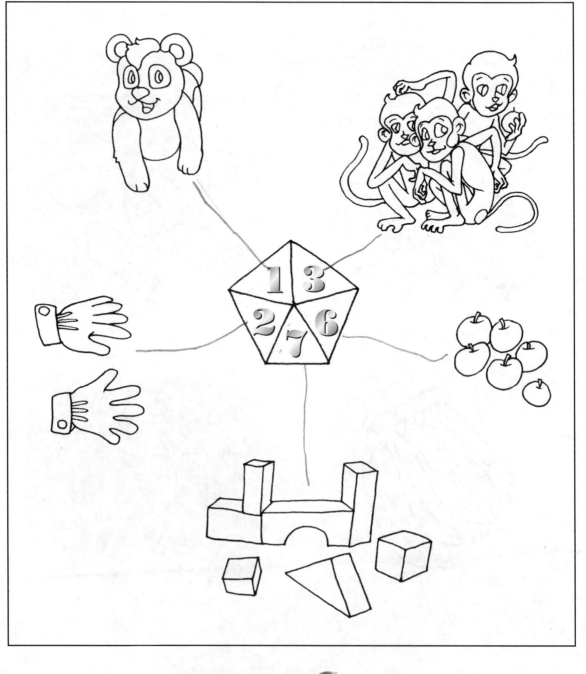

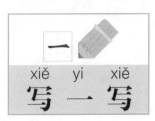

xiě yi xiě
写一写

héng gōu
横钩

宝 宝 宝 宝 宝 宝 宝

pái pái duì
排 排 队

shǔ xīng xing
数 星 星

tiān shàng xiǎo xīng xing
天 上 小 星 星 ，

gè gè liàng jīng jīng
个 个 亮 晶 晶 。

yī èr sān sì wǔ liù qī
一 、 二 、 三 、 四 、 五 、 六 、 七 ，

shǔ lái shǔ qù shǔ bù qīng
数 来 数 去 数 不 清 。

词汇表

vocabulary

1

爸爸	bàba	father
妈妈	māma	mather
宝宝	Bǎobao	person's name
婷婷	Tíngting	person's name
嘟嘟	Dūdu	person's name

2

| 你好 | nǐhǎo | hello |
| 老师 | lǎoshī | teacher |

3

谢谢	xièxie	thanks
不客气	búkèqi	you're welcome
贝贝	Bèibei	person's name

4

| 对不起 | duìbuqǐ | excuse me |
| 没关系 | méiguānxi | never mind |

5

| 再见 | zàijiàn | goodbye |

6

他(她)	tā	he(she)
是	shì	is(am, are)
谁	shuí	who
汤姆	Tāngmu	Tom
丽达	Lìdá	Lida

| 静子 | Jìngzǐ | person's name |
| 丽丽 | Lìli | person's name |

7

你	nǐ	you
叫	jiào	call
什么	shénme	what
名字	míngzi	name
我	wǒ	I(me)

8

你(的)	nǐ	you(your)
吗	ma	(interrogative)
我(的)	wǒ	(I)my
弟弟	dìdi	younger brother
妹妹	mèimei	younger sister

9

医生	yīshēng	doctor
警察	jǐngchá	police
邮递员	yóudìyuán	postman

10

一	yī	one
二	èr	two
三	sān	three
四	sì	four
五	wǔ	five

六	liù	six		九	jiǔ	nine
七	qī	seven		十	shí	ten
八	bā	eight				